Inhalt

Trotz Finanzkrise - Wie Unternehmen ihre Mitarbeiter motivieren

Kernthesen

Beitrag

Fallbeispiele

Weiterführende Literatur

Impressum

Trotz Finanzkrise - Wie Unternehmen ihre Mitarbeiter motivieren

M.Dengl

Kernthesen

- Der Unternehmenserfolg hängt, auch in Krisenzeiten, entscheidend von den Mitarbeitern ab. Ob Kundenkontakt, interne Verbesserungsvorschläge oder das Tagesgeschäft: Es sind die Mitarbeiter und deren Motivation, die ein Unternehmen ausmachen.
- Doch gerade jetzt, in Zeiten der Finanzkrise, drohen Entlassungswellen und Sparmaßnahmen. Die Ängste der Mitarbeiter steigen, das Betriebsklima verschlechtert sich und die Motivation

sinkt.
- Um die Mitarbeitermotivation zu stärken, setzen Unternehmen auf verschiedene Maßnahmen, wie eine offene Informationspolitik und das Coaching ihrer Führungskräfte. Deren Aufgabe ist es, die Mitarbeiter zu motivieren, doch Studien zeigen, dass viele Führungskräfte dies noch lernen müssen.

Beitrag

Motivierte Mitarbeiter sind gerade in Krisenzeiten dringend notwendig. Doch Ängste, wie der mögliche Verlust des Arbeitsplatzes, verschlechtern das Arbeitsklima und lassen die Motivation sinken. Jetzt sind Strategien zur Stärkung der Mitarbeitermotivation dringend notwendig. Dabei setzen die Unternehmen auch auf ihre Führungskräfte. Allerdings verdeutlichen Studien, dass viele Führungskräfte mit der Situation überfordert sind. Hier helfen Motivationsseminare und ein intensives Coaching der leitenden Angestellten.

Mitarbeitermotivation - gerade in

Krisenzeiten unerlässlich

Die Finanzkrise trifft auch deutsche Unternehmen schwer. Viele sind gezwungen Sparmaßnahmen umzusetzen und nehmen Entlassungen vor. Laut einer Studie von Towers-Perrin "Managing Pay in Stormy Times", planen 13 Prozent der deutschen Unternehmen aus Kostengründen fünf bis zehn Prozent ihrer Mitarbeiter zu entlassen.
Die Unternehmensberatung Deloitte hat nach einer Umfrage ermittelt, dass die Personalabteilungen deutscher Unternehmen darauf nicht ausreichend vorbereitet sind. Viele Personaler fühlen sich überfordert. Vor allem die Auswahl der zu entlassenden Mitarbeiter ist schwer zu fällen. Zudem verschlechtern die Entlassungswellen und die Angst vor dem Arbeitsplatzverlust das Betriebsklima erheblich. Deshalb sieht knapp die Hälfte der Personalmanager die größte Herausforderung in der Stärkung der Mitarbeitermotivation. Als Maßnahme hierfür wird eine offene Kommunikation gegenüber den Mitarbeitern und das Coaching der Führungskräfte genannt.
Rund 40 Prozent der Personalverantwortlichen betrachten die Krise jedoch auch als Chance. Gerade jetzt können hochmotivierte und qualifizierte Mitarbeiter von Konkurrenzunternehmen abgeworben werden. (1)

Durch Mitarbeiterbefragung zum Unternehmenserfolg

Der Unternehmenserfolg hängt in hohem Maße von den Mitarbeitern eines Betriebes ab. Ob im Kundenkontakt, oder das individuelle Verhalten des Arbeitnehmers, alles wirkt sich auch auf die Leistungs- und Wettbewerbsfähigkeit eines Unternehmens aus. Der Gallup Engagement Index, eine Studie, die jährlich die Motivation und das Engagement deutscher Arbeitnehmer misst, zeigt allerdings, dass nur 13 Prozent der deutschen Arbeitnehmer eine hohe emotionale Bindung zu ihrem Unternehmen haben. Zwei Drittel aller Mitarbeiter fühlen sich nur wenig an ihren Arbeitgeber gebunden, 20 Prozent haben schon innerlich gekündigt. Insgesamt wurden 2 000 Mitarbeiter befragt.
Eine Ursache für die schlechten Zahlen sind die mangelnden Führungsqualitäten der Vorgesetzten. Viele sind nicht in der Lage ihre Mitarbeiter zu motivieren. Dies bedeutet für das Unternehmen vermehrte Fehlzeiten der Mitarbeiter und eine hohe Fluktuation.
Studien haben außerdem bewiesen, dass Führungskräfte, ihre Mitarbeiter zu wenig loben, anerkennen und kein persönliches Interesse zeigen. Die Mitarbeiter werden so lustlos, unmotiviert und

bringen sich im Unternehmen nicht mehr ein. Um die Zusammenarbeit mit Führungskräften und Mitarbeitern zu verbessern, helfen Mitarbeiterbefragungen. So lassen sich Schwachstellen im Führungsstil verbessern und Fehler vermeiden, die Motivation steigt. (2)

Studie zeigt: Führungskräfte müssen Mitarbeitermotivation erst lernen

Die meisten Führungskräfte wissen, gerade jetzt, während der Finanzkrise, benötigen die Unternehmen motivierte Arbeitnehmer. Eine Studie der Unternehmensberatung Roland Berger, "The European Management Approach", zeigt, dass fast alle der 300 weltweit befragten Konzernmanager glauben, ihr Führungsstil sei motivierend. Besonders für die Europäer ist der Faktor Motivation wichtig. Die Realität sieht leider anders aus. Wie die Umfrage des Gallup-Instituts beweist, identifizieren sich zwei Drittel aller Mitarbeiter nicht mit dem Unternehmen. Ursache hierfür ist, laut Gallup, das Verhalten der Führungskräfte. Wer nicht motiviert ist, arbeitet weniger produktiv. Durch positives Feedback hingegen könnte sich die Leistung der Mitarbeiter verdoppeln. Den deutschen Managern sind aber Kennzahlen oft wichtiger als die Mitarbeitermotivation. Motivationsseminare sind dringend nötig. (3)

Fallbeispiele

Aral Center Dindorf: Ein Beispiel für gut funktionierende Mitarbeitermotivation

Das Aral Center Dindorf besticht durch eine große Freundlichkeit gegenüber seinen Kunden. Der Service ist zuvorkommend und kompetent. Auf Teamgeist und Freundlichkeit auch unter den Arbeitskollegen wird viel Wert gelegt. Angeworbenes Wissen, wird vom Chef bis zum Azubi weitergegeben, so geht nichts verloren. Jetzt in der Finanzkrise, bleiben einige Kunden weg, oder greifen auf die günstigen Produkte in der Tankstelle zurück. Trotzdem ist die Stimmung innerhalb der Belegschaft gut. Es ist ein eingespieltes Team und hat eine gut geschulte Verkaufsmannschaft. Wöchentlich wird ein

Aktionsplan erstellt, Verbesserungsvorschläge der Mitarbeiter sind jederzeit willkommen.
Das Aral Center hat eine hohe Mitarbeitermotivation und eine geringe Fluktuation. Gründe hierfür sind das Lob der Geschäftsführung und interne Verkaufswettbewerbe mit Prämien für die drei Besten. Auch die Weihnachtsfeier sorgt für ein gutes Betriebsklima. Die regelmäßigen Schulungen erhöhen zudem die fachliche Kompetenz der Mitarbeiter. (7)

Strategien zu Steigerung der Mitarbeitermotivation

Um die Mitarbeitermotivation im Unternehmen zu steigern, greifen viele Firmen zu der Maßnahme ein betriebliches Gesundheitsmanagement einzuführen. Die Unternehmensgruppe Print & Kommunikation, Schagen + Eschen und Premedia haben eine betriebliche Gesundheitsförderung unter dem Motto "Menschen in Bewegung" für ihre Mitarbeiter eingerichtet. Rund 120 der 160 Arbeitnehmer des Unternehmens nehmen teil. Nach einer ersten Bestandsaufnahme durch einen externen Gesundheitsberater sorgt jetzt eine Diplomandin der Sporthochschule Köln, mit sportwissenschaftlichem Know-how, aus dem Bereich der Prävention und Rehabilitation, für den reibungslosen Ablauf. Eine Trainerin erstellt individuelle Trainingspläne, so dass inzwischen verschiedene Sportkurse, aber auch Programme wie die Raucherentwöhnung und eine Ernährungsberatung entstanden sind. Die Unternehmensgruppe glaubt daran, dass gesunde und leistungsfähige Mitarbeiter sich eher mit dem Unternehmen identifizieren und stärker motiviert sind. (8)

Handwerkskammer bietet Lehrgänge zur Mitarbeitermotivation an

Die Handwerkskammer Leipzig bietet einen Lehrgang zur Mitarbeitermotivation an. Seit dem 19. Februar 2009 können Führungskräfte lernen, mit ihren Mitarbeitern erfolgreich umzugehen. Das Motivationstraining für Vorgesetzte soll dafür sorgen, dass sie auch im stressigen Tagesgeschäft auf die persönlichen Nöte der Arbeitnehmer eingehen und nicht nur die Anforderungen des Unternehmens im Auge behalten. Während des Kurses haben Führungskräfte die Möglichkeit, typische Führungssituationen zu trainieren und die Instrumente der Mitarbeitermotivation kennen zu lernen. Zudem sollen eigene Schwächen erkannt und behoben werden. (9)

Weiterführende Literatur

(1) Schlechtes Krisenmanagement bei deutschen Unternehmen
aus FINANCE - Der Markt für Unternehmen und Finanzen Heft 02 vom 30.01.2009, Seite 059

(2) Ungenutztes Potenzial
aus Die Bank, Heft 04/2009, S. 78-83

(3) Die Mär vom guten Chef Europäische Manager sehen sich gern als begnadete Motivatoren. Diesem Selbstbild werden sie aber nicht gerecht und begeistern ihre Mitarbeiter nur oberflächlich für neue Strategien. In der Krise könnte sich das als fatal erweisen
aus Financial Times Deutschland vom 26.03.2009, Seite 1SA01

(4) Sparkasse sucht beste Mittelständler
aus Rheinische Post Nr. vom 28.03.2009

(5) Was Einsteiger vom Job wollen
aus "Der Standard" vom 28.02.2009 Seite: K1

(6) Blick in die Zukunft
aus Rheinische Post Nr. vom 17.01.2009

(7) Aral Center Dindorf in der Mainzer Oberstadt setzt auf Kundenorientierung und Mitarbeitermotivation "Lass uns ins Petit Bistro fahren"

aus Die Tabak Zeitung vom 27.03.2009, Nr. 013/2009

(8) Ungewöhnliche Wege zu höherer Mitarbeitermotivation
aus Deutscher Drucker Nr. 04 vom 05.02.2009 Seite 43

(9) O.V., Balanceakt Mitarbeiter-Motivation - Handwerkskammer zu Leipzig bietet Lehrgang an, Leipziger Volkszeitung, 23.01.2009, S. 16
aus LVZ/Leipziger-Volkszeitung, 23.01.2009, S. 16

Impressum

Trotz Finanzkrise - Wie Unternehmen ihre Mitarbeiter motivieren

Bibliografische Information der deutschen Nationalbibliothek

Die Deutsche Nationalbibliothek verzeichnet diese Publikation in der deutschen Nationalbibliografie; detaillierte bibliografische Daten sind im Internet über http://dnb.d-nb.de abrufbar.

ISBN: 978-3-7379-1250-1

© 2015 GBI-Genios Deutsche Wirtschaftsdatenbank GmbH, Freischützstraße 96, 81927 München, www.genios.de

Alle Rechte vorbehalten. Dieses Werk ist einschließlich aller seiner Teile – z.B. Texte, Tabellen und Grafiken - urheberrechtlich geschützt. Jede Verwertung außerhalb der Grenzen des Urheberrechtsgesetzes bedarf der vorherigen Zustimmung des Verlags. Dies gilt insbesondere auch für auszugsweise Nachdrucke, fotomechanische

Vervielfältigungen (Fotokopie/Mikroskopie), Übersetzungen, Auswertungen durch Datenbanken oder ähnliche Einrichtungen und die Einspeicherung und Verarbeitung in elektronischen Systemen.